AF313770

HOMELIE XXII.
POUR
LE PREMIER JOUR
DE L'AN.

Par M. le Curé de S. Sulpice de Paris.

A PARIS,

RAYMOND MAZIERES, ruë S. Jacques, prés la ruë
du Plâtre, à la Providence.

M. DCCVII.

AVEC APPROBATION ET PRIVILEGE DU ROY.

HOMELIE VINGT-DEUXIÉME
POUR
LE PREMIER JOUR DE L'AN.

P R E's avoir expliqué le Myftere de la Circoncifion, qu'on peut dire être le commencement de la vie Chrêtienne, il femble, mes tres-chers freres, qu'on doive à vôtre pieté une feconde inftruction fur l'année nouvelle à qui ce même même jour donne auffi la naiffance. Car n'eft-ce pas un fujet de gemiffement pour nous, de voir que toutes nos années paffent, & que nous paffons avec elles fans que nous y fongions que quand tout eft paffé pour nous ? Qu'elle indolence à un voyageur, de marcher jour & nuit, & de ne penfer jamais, ny fur le chemin qu'il a fait, ny fur celuy qui luy refte à faire ! Toute cette vie n'eft qu'un pelerinage continuel : nous le commençons quand nous fortons

F fffff ij

du fein de nos meres , nous le finiffons quand nous entrons dans le fein de la terre : de fon fuccés bon ou mauvais , dépend un bonheur ou un malheur infini ; & cependant on ne s'inquiete, ny du paffé qu'on oublie , ny du prefent qu'on perd , ny de l'avenir qu'on neglige. Ah ! combien la refolution du pieux Roy Ezechias étoit-elle plus fage , lorfque malade à la mort , il difoit à Dieu : *Recogitabo tibi omnes annos meos in amaritudine animæ meæ.* Seigneur , prolongez moy la vie , afin que je rapelle toutes mes années prefque écoulées dans la vanité , que je les examine dans la lumiere de vôtre verité , & que je les déplore dans l'amertume de mon cœur affligé.

En effet , quoy de plus important que de faire reflexion fur la vie qu'on a menée , fur l'état où l'on eft , fur la fin où l'on tend? Ce grand Roy fe voyant reduit à l'extremité , & preft de finir fa courfe, fentoit bien que trop occupé au dehors , il ne s'étoit pas affez retiré au dedans: négligence étonnante , & qui n'eft que trop commune parmi les hommes: Toutes nos années s'écoulent, fans que nous penfions à rien qu'à ce qui s'écoule avec nos années : & jamais à ce qui demeure aprés nos années , & il y a peu de difference là deffus entre nous & des avortons infortunez. Ceux-cy n'ont jamais eu l'ufage de la raifon , & nous ne nous fervons jamais utilement de la nôtre ; ils font fortis de cette vie fans avoir rien connu , ny experimenté de ce qui s'y paffe, & nous paffons la nôtre fans jamais réflechir fur ce que nous y connoiffons, que quand tout eft paffé : le fort de ces enfans n'eft pas plus digne de compassion, que le nôtre de blâme, & ce n'est pas sans terreur que nous devons entendre cette parole d'Isaye: qu'on verra mourir comme des enfans les Vieillards âgez de cent ans, & que le pecheur de cent ans sera maudit : *Quoniam puer centum annorum morietur, & peccator centum annorum maledictus erit* : Le Prophete alliant ainsi en un même sujet l'enfance & la vieillesse, les habitudes inveterées du pecheur, avec l'imprudente inconsideration du jeune homme, & sans avoir égard à la longue suite d'années qui se sont écoulées depuis sa naissance jusqu'à sa mort, le transportant du berceau dans le sepulchre, *fuissem quasi non essem, de utero translatus ad tumulum.* Telle sera la fin de la plûpart des hommes, & même de ces pretendus sages du siecle, qui faute de reflexion, ont fait consister leur orgueilleuse philosophie dans un long usage des choses du monde qui perit, & non dans l'application aux biens de l'éternité qui demeure; uniquement occupez à de vaines connoissances, ils ont méprisé la vraye science des choses de Dieu, qui devoit être l'unique objet de leurs meditations, & de leurs études : ils n'ont point porté leur ambition à la conquête de ces riches couronnes que Dieu a preparées pour la recompense des justes ; & ils n'ont point compris quelle sera la grandeur & l'éclat de cette gloire qui doit être le prix de la sainteté ; semblables à ce Prince infortuné dont parle l'Ecriture, ils ne commencent à faire attention sur ce qu'ils sont, que quand ils se voyent sur le point de cesser d'être : *Cœpit ad agnitionem sui venire* , & de pire condition que ces

2. Mac. 9. 12.

animaux terreſtres à qui du moins la nature donne des
yeux avant que de leur ôter la vie, ils perdent ſouvent la vie avant que d'en avoir vû la vanité : *Aut
ſicut abortivum abſconditum non ſubſiſterem, vel qui concepti
non viderunt lucem.*

C'eſt donc avec grande raiſon qu'Ezechias promettoit à Dieu que s'il luy prolongeoit la lumiere du jour,
il s'en ſerviroit pour penſer & repenſer à l'uſage qu'il
avoit fait de chaque jour, *recogitabo* : & qu'il accom-
pliroit la reſolution du ſaint Roy penitent ſon préde-
ceſſeur, qui proteſtoit vouloir faire de profondes con-
ſiderations ſur le crime qu'il avoit commis : *& cogi-
tabo pro peccato meo.* En effet il eſt tres à propos que
vous penſiez à vos pechez, à leur multitude & à leur
grieveté, à vôtre malice, à vôtre ingratitude : aux
peines qui ſont preparées aux pecheurs impenitens,
à cette éternité toute entiere qui vous menace : que
vous mettiez dans vôtre eſprit les jours anciens, &
les années éternelles : *Dies antiquos, & annos æternos* :
Que vous conſideriez un peu attentivement vos fins
dernieres : cette mort prochaine, qui ſera le dernier
terme de vôtre vie : ce Jugement final qui ſera le
dernier arrêt de vôtre ſort : cet enfer terrible, qui
ſera le dernier châtiment de vôtre crime : ce Para-
dis heureux qui ſera la derniere recompenſe de vôtre
vertu ; que vous vous ôtiez hors du nombre de ces
imprudens, qui dépourvûs de toute raiſon negligent
des choſes qui les touchent de ſi prés : *Gens abſque
conſilio & ſine prudentia, utinam ſaperent & intelligerent, ac
noviſſima providerent* : & qu'imitant l'enfant prodigue

dans fa converfion , vous rentriez enfin une bonne fois en vous-même, *in fe autem reverfus.*

Arrêtons-nous donc icy , mes chers freres , fufpendons cette rapidité qui nous entraîne, & d'un efprit tranquille faifons fur nous des reflexions attentives: auffi bien l'homme fe diftingue-t'il particulierement des autres animaux par fa faculté de réflechir , nos fens même ne font pas capables de retour fur leurs mouvemens, & la raifon feule a ce privilege : fervez-vous-en , fur tout dans une matiere de cette confequence, puifque d'ailleurs les confiderations deftituées d'une ferieufe & reiterée reflexion , ne font ny efficaces, ny utiles,ny durables. Elles ne font pas *efficaces*, car une vuë foudaine & paffagere ne fait pas d'affez fortes impreffions , pour nous porter à entreprendre des chofes difficiles , & aufquelles nous avons de grandes repugnances : elles ne font pas *utiles* , parce qu'elles ne fuffifent pas pour la pratique, les premieres penfées font comme les prémices du raifonnement , & les reflexions tiennent lieu des confequences , & des refolutions : j'ai réflechi fur le chemin que je tiens, difoit le Prophete , & j'ay tourné mes pas vers vos commandemens : *Cogitavi vias meas, & converti pedes meos in teftimonia tua.* Enfin les autres penfées ne font pas *durables*, les premieres idées des objets s'envolent : l'homme imprudent fe confidere , dit l'Apôtre , mais en paffant, puis il s'en va , & il s'oublie auffi tôt de ce qu'il eft : *Confideravit fe, & abiit, & ftatim oblitus eft qualis fuerit.* Nous pouvons ajouter qu'elles ne font pas affez *profondes*, & qu'elles font souvent fausses : l'homme sage , dit la Sagesse même incréée qui veut élever solidement un édifice , en creuse bien avant les fondemens. Pour profiter de toute cette doctrine , & de l'année qui finit , aussi bien que de l'année qui commence, faisons les considerations suivantes.

PREMIERE CONSIDERATION.

. Toutes nos années passées ne sont plus ; elles ne seront jamais; il est même impossible qu'elles puissent être. *Elles ne sont plus* , & en cela elles se distinguent des choses actuellement existantes qui sont : *Elles ne seront jamais* , & en cela elles sont differentes des choses à venir, qui à la verité ne sont pas encore , mais qui seront un jour : Il est impossible qu'elles puissent être, & en cela elles se distinguent des choses qui pourroient être, & qui ne seront pas : car il y a une repugnance dans la nature des choses, qu'elles puissent être de nouveau quand une fois elles ont été. Ainsi les années de vôtre vie, & toutes les choses que vous avez faites jusques icy , ne sont plus , elles ne seront jamais , il est impossible qu'elles puissent être : Tout cela s'en est envolé, & continuë à chaque moment de s'envoler : ensorte que vous pourriez bien dire de vos jours passez quand vous les rapellez en votre esprit, & que vous les considerez attentivement, ce que Moyse disoit sur les bords de la Mer rouge aux Israëlites : arrêtez-vous un peu , leur disoit il , & regardez tous ces Egyptiens vos ennemis, car dans un
moment

moment ils vont difparoître à vos yeux , & vous ne les reverrez jamais. *State & videte , Ægyptios enim quos nunc videtis , nequaquam ultra videbitis ufque in fempi-* *Exo. 14. 13.* *ternum.* Cela pofé,

I°. Confiderez premierement, que les jours qui vous font donnez à vivre fur la terre, font en petite quantité : Job accablé de douleurs fe confoloit dans cette vûë : *Paucitas dierum meorum finietur brevi* : Pour-. *10. 20.* quoy me décourager, difoit-il : j'ay peu de jours à vivre , & par conféquent à fouffrir ? Oftez de la vie de l'homme les temps de l'enfance, & du fommeil , que luy refte-t-il de plufieurs années ? D'ailleurs combien de gens meurent dans la jeuneffe,& à la fleur de leur âge ? Quand vous parviendriez à une vieillef-fe décrepite, qu'eft ce que foixante & quatre-vingts années ? jettez les yeux fur celles qui fe font paffées , & jugez de celles qui feront par celles qui ne font plus. Jacob interrogé de fon âge par Pharaon , *Gen. 47. 8.* *quot funt dies annorum vitæ tuæ ?* luy répondit , que le peu de jours bons & mauvais de fon pelerinage , êtoient de cent trente ans : *Dies peregrinationis meæ centum triginta annorum funt , parvi & mali.* Que fi vous comparez ce peu de temps qui vous eft donné à vi-vre fur la terre , avec cette multitude de fiecles qui fe font écoulez depuis la naiffance du monde , vous verrez combien il en eft une petite portion , & com-bien Job avoit raifon de dire , *paucitas dierum meorum finietur brevi.* La femme prudente dans l'Ecriture ne mar-.que jamais plus de force, ny de grandeur d'ame à en-treprendre des chofes heroïques,dit faint Auguftin, que

G ggggg

quand elle prend en main la quenoüille & le fu-
feau ; c'eſt à dire quand elle compte ſes années
écoulées, & celles qui luy reſtent : image de la vie
humaine, dont chaque année comme un tour de fu-
feau, amoindrit la quantité, laquelle par conſe-
quent ſera bien tôt achevée, *in colo lana involuta eſt,*
quæ filo ducenda tranſeat in fuſum : quod in colo eſt involutum,
eſt futurum ; quod in fuſo collectum eſt, jam præteritum eſt.
Seigneur, diſoit le Prophete, faites-moy connoître
le petit nombre de mes jours, afin que leur medio-
crité m'en faſſe voir la vanité : car, helas ! mes jours
ont décliné comme l'ombre d'un cadran ; *dies mei*
ſicut umbra déclinaverunt : parce que je ne les ai réglez
que ſur le mouvement du Soleil viſible qui court ſans
ceſſe, & non ſur ceux du Soleil de juſtice qui demeure toûjours, dit ſaint Auguſtin : *potuerunt eſſe dies tui*
non declinantes, ſi tu à die vero non declinaſſes : declinaſti, &
accepiſti dies declinantes. Annoncez-moy donc, & im-
primez-moy, Seigneur, la vuë de ce peu de jours
que j'ay à vivre : *Paucitatem dierum meorum nuntia mihi,*
ou, comme lit ce même Pere, *exiguitatem dierum meo-*
rum. Car en effet, continue-t-il, tout ce qui finit eſt
court : *Exiguum eſt omne quod finitur :* Tout ce qui a
une fin, ne dure que peu : *non eſt diu quod habet finem.*
Tout le temps qui s'eſt écoulé depuis Adam, joint
à celuy qui s'écoulera juſqu'à la fin des ſiecles, n'eſt
reputé qu'un moment paſſager : *Ab Adam uſque ad fi-*
nem ſæculi exigua gutta eſt. Les impies quand ils conſide-
rent la brieveté de leurs plaiſirs par rapport à la brieveté de leur vie, ſe livrent ſans differer aux plaiſirs

qui les entraînent, frappez de ce motif, qu'ils ont peu
de temps à ménager: *Exiguum est tempus vitæ nostræ:* ainsi le
peu de jours de la vie humaine fait également gemir
le Saint, & le pecheur : celuy-là par des sentimens
de penitence, celuy-cy par des impreffions de defef-
poir : mais aux uns & aux autres, & à tous les hommes en general, les jours sont donnez en petite quantité, *dies mei pauci.*

11°. Confiderez en second lieu, que les jours qui
vous sont donnez en une si petite quantité, ont encore pour partage une extreme brieveté : motif dont
l'Apôtre se fert pour nous preffer de travailler fans
délay à la pratique de la vertu : *tempus breve est,* dont
l'impie se fert pour se livrer tout entier au vice :
*Exiguum est tempus vitæ nostræ, venite ergo, fruamur bonis
celeriter.* Dont le demon fe fert pour fe hâter de pre-
cipiter les ames dans l'enfer : *diabolus defcendit habens
iram magnam, fciens quia modicum tempus habet.* Quels dif-
ferens projets ! les jours de l'homme font courts, difoit Job, si fçavant dans cette haute Philofophie :
breves dies hominis funt : ils font la brieveté même,
& quelque effort que l'homme faffe, il ne peut en prolonger les momens : Quel malheur ! la durée de l'homme a des bornes, & fes miferes n'en ont point ! comme il est né d'une femme, il en a herité l'inconftance
& l'inftabilité. *Homo natus de muliere, brevi vivens tempore, repletur multis miferiis.* Sa vie est une fleur que le
même Soleil voit éclore au matin, & fermer au foir.
Qui quasi flos egreditur, & conteritur. C'est une vapeur
qui brille, & qui difparoît prefque en même temps:

vapor est ad modicum parens. C'est une fumée que le même souffle de vent éleve, grossit, & dissipe : *quia d fecerunt sicut famus dies mei,* & qu'on voit, ainsi que s'exprime saint Augustin, *ascendentem, tumescentem, vanescentem.* C'est une ombre qui s'enfuit, & qui s'échape, sans qu'on puisse la retenir, ny la rappeller, *& fugit velut umbra, & nunquam in eodem statu permanet.* Enfin rien de plus court que la vie de l'homme sur la terre. Ce n'est qu'un tissu de briefs momens, qui n'est luy-même qu'un moment : *momentis transvolantibus cuncta rapiuntur,* dit saint Augustin ; nos jours ne sont que les flots d'un torrent qui se poussent impetueusement les uns les autres, *torrens rerum fluit,* & tout retombe enfin bien-tost dans le vaste sein du neant dont il étoit sorti : nos jours ne sont pas plûtôt, qu'ils cessent d'être : *ideo veniunt ut non sint.* L'heure, le mois, l'année, rien ne demeure, rien ne resiste, *omnis enim dies ideo venit, ut non sit, omnis hora, omnis mensis, omnis annus, nihil horum stat :* & on ne peut pas dire à la rigueur que quelque chose soit absolument & parfaitement : avant qu'elle paroisse, on dit elle sera ; un moment aprés qu'elle a paru, on dit elle n'est plus, elle a été : *antequam veniat, erit : cùm venerit, non erit :* l'homme passe par le present, sans s'y arrêter, *transit per est, sed omnino non est.* Il n'appartient qu'à vous seul, ô Seigneur immortel ! ô Roy des siecles ! ô ancien des jours ! d'être éternel & immuable, d'être veritablement, absolument & toûjours : d'où il s'enfuit que l'homme comparé à vous, Seigneur, n'est qu'un rien dans sa durée, n'est qu'un rien dans fa fubftance : *parce mihi , Domine , nihil enim funt dies mei , & fubftantia mea tanquam nihilum ante te.* De là vient encore, ajoûte faint Auguftin , que Moyfe recevant l'ordre du Seigneur d'aller parler de fa part aux Ifraëlites pour lors captifs dans l'Eypte , prit la hardieffe de luy faire cette queftion : mais fi les enfans d'Ifraël me demandent qui vous êtes ? s'ils me difent, quel eft celuy qui vous envoye ? quel eft fon nom ? *quæfivit enim nomen mittentis fe* , (queftion qu'il ne faifoit point par aucun mouvement de curiofité , mais par la neceffité de remplir fon miniftere , *quæfivit autem , non quafi curiofitate præfumendi , fed neceffitate miniftrandi.*) Que leur répondray-je ? *quid refpondibo filiis Ifraël , fi dixerint mihi , quis te mifit ad nos ? quod eft nomen tuum ?* Voicy mon nom , luy répondit le Seigneur : je fuis celuy qui fuis : *ego fum , qui fum.* Vous leur direz, *celuy qui eft* m'a envoyé vers vous : *qui eft mifit me ad vos.* Or il eft vifible que fi quelque chofe comparée à Dieu pouvoit être veritablement, il y auroit eu de l'équivoque de dire, celuy *qui eft* m'envoye à vous : Seigneur , continuë faint Auguftin , vous ne diriez pas, *je fuis celuy qui fuis* : & Moyfe n'auroit pas dit, *celuy qui eft* , m'a envoyé vers vous, s'il étoit vray que quelque autre chofe que vous comparée à vous, exftât auffi bien que vous : *non effet tibi nomen ipfum effe , nifi quicquid aliud eft tibi comparatum inveniretur non effe verè.*

S. Aug. in Pf. 101.

III°. Confiderez en troifiéme lieu, combien les jours qui nous font donnez en cette petite quantité , & qui pour partage ont la brieveté , ont encore celuy

de la rapidité : l'Ecriture les compare à un pelerina-
ge perpetuel & sans arrêt : *Peregrini enim sumus coram te, & advenæ, sicut omnes Patres nostri* : à une aiguille de cadran, qui décline sans cesse avec le Soleil : *dies nostri quasi umbra super terram, & nulla est mora.* A un courier hâté qui court avec empressement : *dies mei velociores fuerunt cursore.* A un vaisseau qui vogue à pleines voiles, *pertransierunt quasi naves.* A un oyseau qui vole avec precipitation : *quasi aquila volans ad escam.* A un songe qui se forme & qui se dissipe en un instant : *velut somnium avolans non invenietur, transiet sicut visio nocturna.* A une fleche qui fend l'air avec vîtesse, *tanquam sagitta emissa in locum destinatum.* Au fleuve rapide de l'Euphrate sur le bord duquel l'Israëlite captif déplore l'instabilité des choses humaines, *super flumina Babylonis illic sedimus & flevimus* : Car, helas ! dit saint Augustin, les fleuves de Babylone, que sont-ils ? sinon les choses de ce monde que nous aimons, & qui passent : *Flumina Babylonis sunt omnia quæ hic amantur & transeunt* : & la sainte Sion, qu'est-ce, sinon les choses du Ciel que nous attendons, & qui demeurent ? O sainte Sion où tout demeure, & où rien ne passe, s'écrie saint Augustin, quand vous verrons-nous ? *O sancta Sion, ubi totum stat, & nihil fluit ?* quand vous verrons-nous, ô vous dont les années s'étendent sans s'écouler de siecle en siecle, & de generation en generation : *in generationem & generationem anni tui* : La terre, toute solide qu'elle paroisse, & les Cieux, tous incorruptibles qu'ils soient, passeront comme le reste, *ipsi peribunt* : les creatures qui semblent le plus à l'é-

preuve du temps, vieilliront à leur tour, & femblables à des habits ufez, elles retomberont dans la pouf-
fiere, *& omnes ficut veftimentum veterafcent.* Mais pour
vous, ô Seigneur, vous étes toûjours le même, &
vos années ne finiront point : *Tu autem idem ipfe es, &*
anni tui non deficient. Donnez-nous-les, Seigneur, ces
années permanentes, *annos non deficientes :* ces jours fans *Baruc.4.35.*
aucun foir, *longiturnos dies :* en la place de ces jours,
& de ces années fi courtes, & fi paffageres, qui fe
fuivent, & qui fe détruifent en fe fuivant, & qui
deviendront enfin les vieux haillons d'une vie ufée
fouvent par le vice, & toûjours par le temps : *cum his* *Hic.*
pannofis annis quid fumus? ainfi que s'exprime faint Auguftin.

IV°. Confiderez en quatriéme lieu, que vos jours
font comptez, que leur nombre eft déterminé, que
quand vous aurez remply la carriere marquée par la
providence, vous ne pourrez aller plus avant, & qu'il
faudra mettre fin à vôtre courfe. Les jours de l'homme
fur la terre font courts, difoit le faint homme Job :
breves dies hominis funt : Le nombre des mois qu'il a à *Job. 14. 9.*
vivre icy bas, eft écrit là-haut dans vôtre livre, ô Arbitre
fouverain de la vie & de la mort, *numerus menfium ejus apud*
te eft. Et vous luy avez prefcrit des bornes qu'il ne pour-
ra outre paffer : *Conftituifti terminos qui præterir non poterunt.*
Et ce qui doit encore plus humilier l'homme, quelque
orgueilleux qu'il foit, c'eft qu'il ignore le moment
fatal qui finira cette courfe incertaine : Seigneur,
difoit dans ce même efprit le Prophete Roy : faites-
moy connoître quand eft-ce que la fin de ma vie ar-

rivera, & quel eſt le nombre de mes jours, afin que je meſure mes projets au temps, qui me reſte : *Notum fac mihi, Domine, finem meum , & numerum dierum meorum quis eſt, ut ſciam quid deſit mihi.* Car je ſçay que vous m'avez donné un certain nombre de jours à vivre, que vous les avez comptez, & meſurez , & que ma vie, quelque longue qu'elle paroiſſe, n'eſt qu'un compoſé de quelques momens arrêtez , & fixes. *Ecce menſurabiles poſuiſti dies meos , & ſubſtantia mea tanquam nihilum ante te.* D'où je conclus, continuë ce Prophete, que l'homme n'eſt que vanité dans ſes penſées, vanité dans ſes deſſeins , vanité dans ſes actions : *Verumtamen univerſa vanitas omnis homo vivens.* Que luy ſert de ſe donner ſi inutilement tant de ſoins , & tant d'inquietudes pour l'avenir, puiſque toutes ſes plus agréables idées de fortune & de grandeur ne ſont qu'une flateuſe impoſture qui l'amuſe & qui le trompe : *Verumtamen in imagine pertranſit homo , ſed & fruſtra conturbatur.* Que luy ſert de baſtir des maiſons , pour des infenſez , qui les détruiront ? que luy ſert d'amaſſer des richeſſes pour des ingrats, qui les diſſiperont ? déplorable condition de l'homme ! *ædificat, tranſiturus tranſituris : theſauriſat moriturus morituris,* dit ſaint Auguſtin.

V°. Que ſi nous conſiderons cette vie par rapport à la miſericorde, & à la juſtice divine, nous y trouverons encore de nouvelles raiſons de ſa brieveté priſes du côté des juſtes, & du côté des pecheurs : Le Seigneur, dit le Sage, abrege ſouvent la vie du juſte, parce qu'il l'aime , & que ſon ame luy étant agreable

ble, il se hâte de l'ôter de ce monde corrompu : *Pla-* sap. 4 4
cita enim erat Deo anima illius , propter quod properavit edu-
cere illum de medio iniquitatum. En effet , le juste n'ayant
songé qu'à plaire à Dieu, le Seigneur, à qui le juste
a plû, n'a songé qu'à l'enlever au plûtôt du milieu
des pecheurs, qui luy déplaisent, & qui n'étoient pas
dignes de le posseder : *Placens Deo factus est dilectus , &*
vivens inter peccatores translatus est. Cette sagesse divine
qui prévoit toutes choses, l'a prévenu dans ses bene-
dictions , & l'a comme ravy de bonne heure de des-
sus la terre, de peur que la malice qui y regne ne
donnât quelque atteinte à la pureté de son cœur : *rap-*
tus est , ne malitia mutaret intellectum ejus. De cette sorte,
si la mort est également funeste aux impies, soit
qu'elle soit prompte ou tardive, elle est toûjours infiniment avantageuse au juste, quand même il sem-
ble qu'elle arrive avant le temps, & il n'en est jamais
surpris, parce qu'il s'y est toûjours attendu, & qu'il
s'y est sans cesse préparé : ainsi il-la voit venir sans
frayeur, & il la reçoit avec tranquillité, plein d'une
douce confiance qu'elle le conduira au parfait repos :
Justus si morte præoccupatus fuerit, in refrigerio erit: C'est
donc un extrême bonheur pour luy d'être au plûtôt
tiré du milieu de la corruption par cette main mise-
ricordieuse, avant qu'il ait eu le loisir de se corrompre:
quoyqu'aprés tout il soit tres-vray de dire , que du-
rant le court espace de temps que Dieu l'a conservé sur
la terre, sa vie a été plus remplie, plus occupée, &
plus utile , que celle du pecheur, qui s'est vaine-
ment usée & consumée dans les penibles travaux du
H hhhhh

vice : *consummatus in brevi , explevit tempora multa :* car n'eſt ce pas une viſible marque de la prédilection de Dieu ſur une ame, d'avoir été promptement tirée de ce ſéjour d'iniquité , & de cette compagnie de criminels, dont preſque tout le monde eſt compoſé? mais ceux qui ne jugent que ſur les apparences trompeuſes , & qui ſont privez de la lumiere ſpirituelle, ne ſçauroient comprendre cette importante verité : *Populi autem non intelligentes, nec ponentes in præcordiis talia.* Leur eſprit groſſier ne s'étudie pas à penetrer les avantages de cette mort avancée , ny à découvrir & à adorer les ſecrets reſſorts de la conduite de Dieu ſur ſes Saints : *Quoniam gratia Dei & miſericordia eſt in ſanctos ejus,& reſpectus in electos illius.* Ces ſuperbes amateurs du monde voyant la fin du juſte preſque ſemblable à celle du pecheur, ignorent la difference infinie que Dieu met entre l'un & l'autre dans ce dernier paſſage : *Videbunt enim finem ſapientis , & non intelligent quid cogitaverit de illo Deus.* Frappez de cette aveugle préoccupation, ils mépriſent le juſte aprés ſa mort, comme ils l'ont mépriſé pendant ſa vie : *Videbunt & contemnent :* & voyant que ſa vertu n'a pû l'exempter de la neceſſité commune de mourir, ny luy procurer une longue vie, ils s'affermiſſent dans leur impieté, & n'eſtiment heureux que ceux qui vivent longtemps dans la joüiſſance de leurs plaiſirs criminels.

Mais ſi la miſericorde divine abrege quelquefois les jours de l'homme de bien , la juſtice divine coupe ſouvent le cours de la vie du méchant.

L'Ecriture nous apprend que l'impie mourra avant

son temps, & qu'il n'atteindra point cette heureuse vieillesse que la nature faisoit esperer à son bon temperament : *Antequam dies ejus impleantur, peribit* : que ses mains coupables de tant d'actions mauvaises, sécheront comme les plus criminelles parties de son corps, par une fin prématurée : *& manus ejus arescent* : que les grands projets que son cœur orgueilleux commençoit de former, seront renversez presque dés leur naissance ; & que semblable à l'olivier & à la vigne, dont une soudaine grêle a brisé les premieres fleurs, il perira sans ressource, lorsque ses ambitieux desseins ne commenceront que d'éclore : *Lædetur quasi vinea in primo flore botrus ejus, & quasi oliva projiciens florem suum.* Que comme l'herbe qui naît dans un terroir aride est bien-tôt desséchee par l'ardeur du Soleil, il sera brûlé par le feu de la justice divine, sans avoir eu le temps d'étendre ses racines, & de conduire ses fruits à maturité : *exaruit, antequam maturesceret.* Qu'il tombera avant que d'arriver au milieu de sa course : *Viri sanguinum non dimidiabunt dies suos* : que la plûpart de ses enfans mourront miserablement à l'âge viril : *Pars magna domûs tuæ morietur, cùm ad virilem ætatem pervenerit* : & que sa posterité ne parviendra point à ces cheveux blancs qui rendent les hommes si venerables : *Non erit senex in domo tua omnibus diebus.*

Mais n'est ce pas misericorde plûtôt que justice, que le Seigneur abrege le jours des impies, puisque leur vie dévoüée au vice seroit d'autant plus criminelle qu'elle seroit plus longue, & qu'elle ne serviroit qu'à les rendre plus coupables & plus dignes de

châtiment ? D'ailleurs quand leur vie feroit longue, la mefurant par rapport aux années qu'ils paf-
feront en ce monde, ne fera-t-elle pas toûjours courte,
par rapport à la honte qui la ternira , puifque leurs
jours feront comptez pour rien , par l'extrême des-
honneur dont ils feront accompagnez ; & que la vieil-
leffe, qui a accoûtumé d'infpirer le refpect, augmen-
tera le mépris qu'on aura pour de vieux pecheurs ?

Sap. 3. 17. *Et fiquidem longæ vitæ erunt, in nihilum computabuntur ,
& fine honore erit noviffima feneɛtus illorum.* Enfin il ne
leur eft pas plus avantageux de finir promptement
leur vie , que de la prolonger, parce que leur mort
n'eft point accompagnée de cette douce efperance aux
biens éternels , qui la fait trouver fouhaitable ; & qu'ils
n'attendent aucune confolation ny recompenfe dans
ce jour auquel nos œuvres feront manifeftées, & re-
cevront des couronnes ou des châtimens : *Et fi celeriùs
defuncti fuerint , non habebunt fpem , nec in die agnitionis al-
locutionem.*

VI°. Que fi nous regardons nôtre vie par rapport
aux grands ouvrages de grace & de fanctification que
nous fommes tenus d'accomplir en ce monde, combien nous paroîtra-t-elle courte ? Que d'années ne fau-
droit-il pas pour extirper les mauvaifes inclinations
que nous portons tous en venant au monde ? pour
vaincre nos mauvaifes habitudes ? pour refrener nos
paffions déreglées ? pour redreffer nôtre naturel dépra-
vé ? pour foumettre nôtre chair rebelle à l'efprit ? pour
acquerir les vertus ? pour faire un amas de bonnes
œuvres ? *Hoc eft opus noftrum in hac vita , concupifcentias*

noſtras frænare, affligere, minuere, dit ſaint Auguſtin : *Elaboremus in quantum poſſumus in loca vitiorum virtutes in-ferere.* Le Pere de famille en s'en allant nous a laiſſé l'heritage de nôtre ame à cultiver, ce champ ingrat dont il faut ôter les épines, les pierres, les ronces, les duretez, les mauvaiſes plantes, & luy faire porter le trentiéme, le ſoixantiéme, le centiéme : il nous a laiſſé la vigne d'un patrimoine dégradé, à laquelle il faut ſans ceſſe travailler pour la rétablir : le Laboureur quand il a une fois enſemencé ſa terre, ſe repoſe juſ-qu'à la moiſſon ; mais le Vigneron doit travailler toutes les ſaiſons à la vigne, & les façons qu'il eſt neceſſaire de luy donner ſe ſuccedent les unes aux autres ſans diſcontinuation. Il nous a laiſſé de l'argent, de ſoy ſterile, & des talens à multiplier, & à faire fructifier: un bon naturel, de bonnes inclinations, une ſage éducation : de l'eſprit, de la ſcience, de la vertu, des graces abondantes; ce qui demande un ſoin, une ap-plication, une induſtrie extrême : il nous a laiſſé des ennemis redoutables à combattre, le diable, le mon-de & la chair. Comment venir à bout de tant de choſes ſi grandes & ſi difficiles en ſi peu de temps que nous avons à vivre ? il faudroit des ſiecles entiers pour achever de telles entrepriſes, ſurtout à raiſon de la nonchalance avec laquelle nous faiſons nos actions, & non pas une vie auſſi courte que celle de l'hom-me, afin qu'on pût dire : *conſummatus in brevi explevit tempora multa.*

VII°. Enfin ſi nous comparons nôtre vie à l'éter-nité, combien nous paroîtra-t-elle courte ? Le nombre de nos jours, dit le Sage, ne peut s'étendre tout au plus qu'à une centaine d'années, *numerus dierum hominis ut multum centum anni.* Mais qu'eſt-ce qu'un ſiecle comparé à l'éternité ? ſinon une petite goute d'eau, comparée à l'immenſité des flots de l'Ocean, & un grain de pouſſiere au nombre infini des ſables de la mer : *quaſi gutta aquæ maris deputati ſunt, & ſicut calculus arenæ, ſic exigui anni in die ævi.* C'eſt donc avec grande raiſon que l'éternité eſt appellée le ſiecle des ſiecles, *in omnes generationes ſæculi ſæculorum :* car comme tous les fleuves ſe jettent dans la mer, & que la mer les engloutit tous ſans s'accroître, ny ſe groſſir : *Omnia flumina intrant in mare, & mare non redundat :* ainſi tous les momens, les heures, les jours, les ſemaines, les mois, les années, les ſiecles entiers, & toutes autres ſortes de periodes & de meſures imaginables de temps, ſe perdent dans le vaſte ſein de l'éternité, ſans qu'elle s'augmente ny qu'elle s'accroiſſe : appellée par cette raiſon par ſaint Denys : *ævum ævorum :* & repreſentée par ces vingt-quatre Vieillards de l'Apocalypſe, qui proſternez devant l'ancien des jours, adorent celuy qui vit dans les ſiecles des ſiecles. Or ces grandes veritez bien meditées doivent nous obliger à faire les reflexions ſuivantes.

Premierement, combien les choſes du monde ſont frivoles, vaines, periſſables, fragiles, paſſageres, rapides, caduques ! pour en être encore mieux convaincu, rappellez en vôtre eſprit le triſte cours de vôtre vie paſſée, particulierement les choſes auſquel-

Ecl. 18. 9.

les vous vous êtes porté avec le plus d'ardeur, que
vous avez defiré avec plus de paffion, ces emplois,
ces divertiffemens, ces feftins, ces jeux, ces fpecta-
cles, ces établiffemens; tout cela a été, tout cela n'eft
plus, tout cela ne fera jamais; quelle difference entre
elles, & un beau fonge? *Felicitates mundanorum fomnia
funt dormientium*, dit faint Auguftin : faut-il pour de
femblables chimeres perdre fon ame, fon falut, fon
éternité, fon Dieu?

En fecond lieu, combien la ftupidité de l'homme
eft extrême, il a éprouvé un nombre infiny de fois
le vuide de toutes ces fortes d'amufemens ! il leur a
dit avec le plus fage des Rois, qu'ils n'avoient que
la vanité pour partage, & qu'ils n'étoient qu'une
trompeufe illufion, dont on perdroit bien tôt le fou-
venir, fi le regret de les avoir aimez n'en étoit éternel :
*Rifum reputavi errorem, & gaudio dixi, quid fruftra de-
ciperis ?* Il leur a dit avec les plus criminels des infen-
fez : A quoy nous ont fervy jufqu'à prefent ces faux
plaifirs, ces vains honneurs, ces biens trompeurs, qu'à
irriter nos defirs, fans jamais les raffafier ? *Quid nobis
profuit fuperbia, & divitiarum jactantia quid contulit nobis ?*
Helas ! difoit faint Gregoire prêchant fon peuple dans
la Bafilique de deux celebres Martyrs, lefquels avoient
beaucoup quitté pour Dieu, & beaucoup fouffert pour
la Foy : Voicy que ce monde qu'on aime tant, s'enfuit : *Ecce mundus qui diligitur fugit :* les deux Saints fur
la tombe defquels nous fommes affemblez aujour-
d'huy, ont foulé aux pieds ce même monde, quoyqu'il
n'eût alors que des agrémens pour eux : *florentem mun-*

Eccl. 2. 2.

Sap. 5. 7.

dum mentis defpeſtu calcaverunt. Leur jeuneſſe leur promettoit une longue vie; leurs richeſſes un repos durable; leurs alliances, une poſterité glorieuſe; la paix publique, une douce tranquilité: & cependant le monde qui fleuriſſoit pour eux, étoit mort en eux: *& tamen cùm in feipfo floreret, jam in eorum cordibus mundus aruerat.* Mais quel renverſement étrange? à preſent le monde eſt mort en luy-même, & il eſt encore vivant en nous! *Ecce jam mundus in ipfo aruit, & adhuc in cordibus noftris floret.* De toutes parts nous n'entendons que morts, que pleurs, que déſolations, *ubique mors, ubique luſtus, ubique defolatio:* nous ſommes frappez ſans ceſſe, & nous ne nous redreſſons jamais: ce n'eſt qu'amertume de quelque côté que nous nous tournions: *undique percutimur, undique amaritudinibus replemur.* Cependant par un aveuglement incomprehenſible, nous aimons celuy qui nous afflige; nous courons aprés celuy qui nous fuit; nous nous attachons à celuy qui tombe: *ejus amaritudines amamus, fugientem fequimur, labenti inhæremus:* & parce que nous ne pouvons retenir le monde dans ſa chute, plûtôt que de nous feparer de luy, nous tombons avec luy: *& quia labentem retinere non poffumus, cum ipfo labimur, quem cadentem tenemus.* Merveille ſurprenante! autrefois le monde par ſes douceurs nous attiroit à luy, & nous éloignoit de Dieu, à preſent le monde par ſes malheurs nous rebute de luy, & nous renvoye à Dieu: *aliquando nos mundus retraxit à Deo, nunc tantis plagis plenus eſt, ut ipfe nos jam mundus mittat ad Deum.*

Troiſiémement, combien nôtre imprudence eſt
blâmable,

blâmable de sçavoir des chofes d'une telle confequence, qui nous toûchent de fi pres, qui nous im-
portent tant, & de ne pas nous y difpofer : de ne pas
prévoir la fin où toutes les vanitez aboutiffent : de
ne pas donner ordre à un tel avenir, de nous laiffer
enchanter par les faux biens prefens ? le paffé ne de-
vroit il pas nous être un préjugé du futur ? Car comme il nous eft fouvent arrivé de fouhaiter des biens
que nous n'avions pas, puis de les poffeder, & enfin
de les perdre ; de-même nous arrivera t il encore à l'é-
gard de ceux que nous defirons à prefent : Tel eft le
voyageur curieux qui defcend un Fleuve rapide dans
un bateau : il voit de loin des Montagnes fort diftan-
tes : en peu de temps il les appercoit à côté de luy : un
moment aprés il les a paffées : ainfi ces plaifirs, ces
honneurs, ces biens vers lefquels vous voguez à pleines voiles comme vers des Ifles fortunées, de futurs
deviendront prefens, & de prefens deviendront paffez:
& ce qui eft le plus déplorable, c'eft que ces pretendus biens futurs, que nous fouhaitons tant devenir
prefens, ne le deviendront peut-être jamais, & nous
feront éprouver que les biens de ce monde n'ont rien
de beau que l'apparence, rien de doux que le defir,
rien de folide que la peine.

Telles font les reflexions que l'année qui finit, &
celle qui commence nous donnent lieu de faire.

SECONDE CONSIDERATION.

Toutes les chofes de vôtre vie paffée ont efté ; il

eſt impoſſible que vous puiſſiez faire à preſent qu'elles n'ayent pas été ; elles ſeront à jamais telles qu'elles ont été.

Vos actions precedentes bonnes, ou mauvaiſes, ont paſſé, & elles n'ont pas paſſé, dit ſaint Bernard : *Tranſierunt, & non tranſierunt.* Elles ont paſſé de vôtre main, elles n'ont pas paſſé de vôtre eſprit : *Tranſierunt à manu, non tranſierunt à mente :* ce qui a été fait une fois, ne peut n'avoir pas été fait : *quod factum eſt, factum non eſſe non poteſt :* Faire une choſe, cela paſſe avec le temps : mais avoir fait une choſe, cela demeure malgré le temps : *facere in tempore fuit, feciſſe in æternum manet.* Ainſi vos actions ne ſont plus, mais elles ont été, vous pouviez ne les pas faire, mais vous ne pouvez pas faire qu'elles n'ayent pas été faites. Le peché de Juda, dit Jeremie, eſt écrit avec une plume de fer, avec une pointe de diamant, il eſt gravé ſur la table de leur cœur : *peccatum Juda ſcriptum eſt ſtylo ferreo, in ungue adamantino, exaratum eſt ſuper latitudinem cordis eorum :* expreſſion remarquable. Le peché a été gravé par une action qui a paſſé avec le temps, mais le peché gravé ſur vôtre ame n'a pas paſſé avec le temps. Cet homme vindicatif medite un meurtre, cette femme eſt ſollicitée de violer la foy conjugale, cette vierge de perdre ſon integrité : Ah ! malheureuſe, qu'allez-vous faire ? cette ſatisfaction criminelle ne durera qu'un moment ; mais le ſouvenir en durera toûjours : Il ſera vray de dire à jamais que vous avez été un homicide, un adultere, une proſtituée : ce qui a été fait une fois, ne peut n'avoir pas été fait, & ce qui ſe fait dans le temps , demeure fait dans l'éternité.

La chofe étant ainfi , arreftez un peu ce mouvement perpetuel qui vous agite , & qui vous entraîne. Regardez d'un œil fixe & tranquille ce nombre de vos années écoulées. Imitez le marchand appliqué, qui d'un fens raffis examine fes comptes : imitez le voyageur & le Pilote qui fupputent la route qu'ils ont faite : imitez l'ouvrier qui déploye la piece d'étofe qu'il a déja fort avancée , & confiderez le paffé , le prefent, & l'avenir: 1°. D'où vous venez , 2°. Où vous en êtes : 3° Où vous allez : *Unde venis, & erubefce : ubi fis, & ingemifce : quò vadis, & contremifce.* Trois vuës importantes que faint Bernard nous donne lieu de mediter au commencement de cette année.

Iᵛ. Confiderez donc , d'où vous venez, & rougiffez, *vide unde venis , & erubefce* : Car cette partie fi notable de vôtre vie paffée , eft telle que vous l'avez faite , & vous ne pouvez pas faire que ce que vous avez fait , ne foit tel que vous l'avez fait , & par confequent voyez quelle a été la vie que vous avez menée jufqu'à prefent.

1°. Supputez, fi vous pouvez , le nombre étrange de vos pechez : *Quantas habeo iniquitates & peccata ?* Que de pechez d'avarice , d'ambition , d'orgueil , d'intemperance , de fenfualité n'avez vous pas commis depuis que vous êtes au monde? Quel commandement du Seigneur n'avez vous pas tranfgreffé ? dans quel vice ne vous êtes-vous pas plongé ? quelles vertus n'avez-vous pas violées ? l'humilité , la douceur, la patience, la fobrieté, la charité, la chafteté?

en un mot, de combien d'iniquitez n'êtes vous pas redevable à la Juſtice divine ? N'eſt il pas vray que vous avez preſque éteint en vous la foy des grandes veritez de la Religion, dont vous doutez ? l'eſperance des biens éternels que vous ne croyez preſque pas, ou que vous n'attendez plus ? la charité n'ayant jamais aimé Dieu de tout vôtre cœur, ny le prochain comme vous-même ? Confeſſez à vôtre confuſion, que vous avez ſouillé ſans aucune retenuë toutes les facultez de vôtre corps & de vôtre ame : vos yeux, par un nombre infini de lectures impies, & de regards laſcifs : vos oreilles, par des ſons, & des diſcours prophanes : vôtre bouche par des intemperances & des ſenſualitez continuelles : vôtre odorat par des parfums recherchez : vos mains par des actions injuſtes, & ſales : vôtre imagination & vôtre memoire par des repreſentations honteuſes ; vôtre cœur par des deſirs, & des convoitiſes déreglées : enfin vous pouvez dire avec le modele des penitens, que vous avez commis plus de pechez que vous n'avez de cheveux à la tête : *peccavi ſuper capillos capitis mei.* Semblable à l'avare, qui theſauriſe jour & nuit, vous avez accumulé crime ſur crime : que ferez vous quand toutes vos iniquitez s'attrouperont comme une grande & formidable armée, & qu'elles viendront en foule ſe repreſenter à vous à l'heure de la mort ? lorſque la tribulation s'empreſſera de fondre ſur vous, & qu'effrayé d'une telle multitude d'ennemis, vous vous tournerez inutilement de tous côtez cherchant du ſecours, & n'en trouvant point ? car tel ſera le ſort du méchant, ainſi

qu'il est écrit au livre de Job : *Terrebit eum tribulatio ,* 15. 14.
& angustia vallabit eum , sicut Rex qui præparatur ad præ-
lium , circumspectans undique gladium : Telles furent les
angoisses de Saül à l'extremité de sa vie : Je suis pressé
de toutes parts , disoit cet infortuné Prince , & je ne
sçay de quel côté me tourner dans cette extremité :
mon courage m'a abandonné , & je me trouve abatu
sans ressource : mes ennemis me pressent & m'envi-
ronnent , & le Seigneur s'est retiré de moy : *Coarctor* 1 15. 23.
nimis: siquidem Philistiim pugnant adversùm me, & Deus re-
cessit à me.

2°. Ajoûtez à cela l'abus que vous avez fait des
graces de Dieu ; de ce bon naturel si enclin à la vertu , dont le Createur vous avoit avantagé ; de cette
pieuse éducation que vos parens vous avoient donnée:
de ces sages instructions , dont un Pedagogue ver-
tueux vous avoit prévenu: de ces premiers Sacremens
si devotement reçus : de tant de graces interieures ,
de lumieres dans l'esprit, de bons mouvemens dans
la volonté, de facilitez de faire le bien , de corrce-
tions, de bons exemples , d'afflictions, & de maladies, de prédications & d'avertissemens ? N'avez-vous
pas scrupule d'avoir tant reçu , & si peu rendu ? d'a-
voir si mal répondu à Dieu , d'être un arbre sterile ,
une terre ingrate, une vigne abandonnée ?

3°. Voyez encore le vuide des bonnes œuvres qui
deshonore vôtre vie : où sont ces aumônes & ces jeû-
nes proportionnez à vos biens, & à vos forces ? où
sont ces gemissemens & ces larmes dans la priere ?
ces pauvres soulagez, ces prisonniers visitez, ces fa-

meliques nourris, ces nuds revêtus, ces miferables confolez? où font ces vertus pratiquées, ces exercices de pieté frequentez, ces obligations de religion acquitées, ces Sacremens dignement receus, ce pardon des ennemis accordé, ces bons exemples donnez, ces devoirs remplis, & attachez à vôtre condition de pere de famille, de Magiftrat, de Religieux, de Prêtre, de Pontife ?

4°. Faites enfin reflexion fur le fruit que vous avez recueilly : *Quem fructum habuiftis in quibus nunc erubefcitis*, dit faint Paul, parlant à des perfonnes de vôtre forte? que vous refte-t'il de toutes vos débauches paffées ? finon une fanté ruinée ; un corps ufé, & fletri ; des infirmitez contractées ; des biens diffipez ; une reputation perduë ; des forces diminuées, triftes reftes d'une vie confumée dans le peché ; enfin un regret amer, & une frayeur continuelle d'une mort funefte, & d'un jugement terrible, que vous voudriez ne pas croire, mais que vous ne fçauriez ne pas craindre. *Heb. 10.27. Terribilis quædam expectatio judicii, & ignis*, dit le grand Apôtre ? N'a-t-on pas donc raifon de vous dire à ce commencement d'année : voyez d'où vous venez, & rougiffez : *Vide unde venis, & erubefce.*

II°. Confiderez en fecond lieu ou vous êtes, & gemiffez, *vide ubi fis, & ingemifce* : Entrez dans le fanctuaire de vôtre cœur, faites réflexion fur l'état fpirituel ou vous vous trouvez, & vous y verrez,

1°. Une diminution confiderable de bons fentimens, dont vous abondiez autrefois, une fouftraction de grace & de fecours furnaturels infiniment préjudiciable à vôtre salut. Vous en avez si souvent & si long-temps abusé, qu'enfin on vous les a retirez. Dieu à la verité ne nous abandonne pas, si nous ne l'abandonnons, *Deus non deserit nisi deseratur.* Mais il s'enfuit de là qu'à force de l'abandonner, il nous abandonne, & que pour nous être retirez de luy, il se retire de nous: *ergo aliquando ita deseritur ut deserat* C'est ainsi que l'esprit de Dieu se retira de Saul dans sa plus grande adversité, parce que dans sa plus grande prosperité il s'étoit retiré de Dieu, aprés quoy inutilement il disoit: *coarctor nimis, Philistiim pugnant adversum me, & Deus recessit à me.* C'est ainsi encore qu'il se retira de Samson, qui pour avoir abusé de ses forces, se vid livré à sa foiblesse : je sortiray bien, disoit il, des mains de mes ennemis, comme j'ay déja fait, & je sçauray bien encore rompre mes liens : *Egrediar sicut ante feci & me excutiam :* Mais il ne sçavoit pas que le Seigneur s'étoit retiré de luy : *Nesciens quia recessisset ab eo Dominus.* sa force l'avoit quitté, & la grace s'étoit retirée, dit saint Ambroise ; *nec vigor erat, nec gratia manebat.* Que sont devenus tant de bons sentimens que vous ressentiez en vôtre jeunesse, de bonnes pensées, de saints desirs, de mouvemens de pieté, de goust dans la reception des Sacremens, dans la lecture des saints Livres, dans la conversation des gens de bien, dans la douce confiance en la bonté de Dieu, & en l'acquisition du salut ? tout cela a disparu : vous n'avez plus que des distractions dans la priere, que des doutes sur la foy, que des ennuis dans les exercices de pieté; vous n'avez plus que des

1. Reg. 16. 14.

Jud. 16. 14.

penſées de la terre, vous ne vous plaiſez plus qu'à entendre parler des affaires du monde, des curioſitez, & des vanitez du ſiecle, vous ne ſentez plus de force, de plaiſir ni de facilité à faire le bien, tout vous eſt penible & laborieux : le Seigneur s'eſt retiré de vous, & vous êtes livré à vous-même. Qui m'accordera de revenir dans l'état où je me ſuis vû autrefois, diſoit le ſaint homme Job, pour lors dans la ſouſtraction des graces ſenſibles du Seigneur ? *Quis mihi det ut ſim juxta menſes priſtinos?* dans ces jours heureux auſquels le *Seigneur* me faiſoit ſentir les effets de ſa protection ? *ſecundùm dies quibus Deus cuſtodiebat me* : lorſque ſa lumiere ſe répandoit amoureuſement ſur moy, *quando ſplendebat lucerna ejus ſuper caput meum:* & qu'au milieu des tenebres de ce monde, je marchois en aſſurance au milieu des perils ? *Et ad lumen ejus ambulabam in tenebris* ? Tel que j'étois au jour de ma jeuneſſe innocente, lorſque Dieu ſembloit avoir élu ſa demeure en moy ; *Sicut fui in diebus adolſcentiæ meæ, quando ſecreto Deus erat in tabernaculo meo.* Mais helas cela n'eſt plus : c'eſt ainſi que s'exprimoit un ſaint que le Seigneur éprouvoit en luy retirant ſes conſolations ſenſibles, auſquelles peut-être il s'étoit quelquefois trop attaché : que ſera-ce de celuy que le Seigneur réprouve en retirant de luy les graces auſquelles il a ſi ſouvent reſiſté?

2°. De là une multiplication infinie de mauvaiſes habitudes dans une ame : parce que tout ainſi qu'une terre ſur laquelle la pluye du Ciel ne tombe pas, & que la main du laboureur ne cultive plus, devient

toute

toute deferte, & ne produit que des plantes ameres
& nuifibles ; ainfi vôtre ame privée de la rofée celefte, & du foin que vous deviez prendre de la cultiver, fe trouve toute défigurée par je ne fçay combien d'inclinations vicieufes,qui comme de mauvaifes
herbes, pullulent en fon fonds , telles que les impa-
tiences dans les moindres maux , les coleres dans les
plus legeres contradictions, les humeurs fàcheufes,
les médifances, les envies, les injuftices , l'avarice
qui croît avec l'âge, la tiedeur , la molleffe, la fenfualité, l'oifiveté , & mille autres femblables germes
qui forment une vie animale, charnelle , prophane :
J'ai paffé par le champ du pareffeux , dit le Sage : *Per*
agrum hominis pigri tranfivi , & j'ai vû qu'il étoit tout　*Prov.*30 29.
couvert d'orties & de ronces,& que fa maifon tomboit
en ruine : *&* *ecce totum impleverant urticæ, &* *operue-*
rant fuperficiem ejus fpinæ, & *maceria lapidum deftructa erat.*
Or ces épines , felon faint Gregoire , font les mauvais defirs qui naiffent dans l'ame nonchalante fans　*Lib.* 10.
qu'on les feme, qui croiffent fans qu'on les cultive,　*Moral.c.* 30.
& qui piquent fans qu'on les touche : car il ne faut　*n.* 59*um.* p.
point pour cela faire de grands crimes , il fuffit de ne　062.
pas veiller fur foy pour en eftre couvert, comme
par autant de buiffons épais , fous lefquels les vices
fe retirent & fe cachent, ainfi que les ferpens dans les
lieux incultes. Paffer par la vigne du pareffeux , ajoûte
ce grand Pape, n'eft autre chofe que de confiderer
l'état fpirituel du Chrétien negligent : *Per agrum ho-*
minis pigri tranfire, *eft cujuflibet vitam negligentis infpicere.*
Y voir des orties & des ronces , c'eft y remarquer les
Kkkkkk

defirs dereglez, & les convoitifes rampantes & ter-
reftres qui germent fans ceffedans un terroir fi delaiffé,
& qui piquent l'ame par des remords de confcience,
& des chagrins continuels : *quia in corde negl gentium
prurientia terrena d fideria, & punctiones pullulant vitiorum.*
Enfin, cette maifon qui tombe en ruine , continuë
ce Saint , nous figure le renverfement du zele & de
la difcipline dans le cœur du pareffeux, & l'ouverture
qu'il donne aux mondains & aux demons de venir ra-
vager fon heritage : *maceria lapidum deftructa erat , id eft
difciplina Patrum ab ejus corde diffoluta.*

3°. Les difficultez , ou plûtôt les efpeces d'impoffi-
bilitez morales de pratiquer la vertu , naiffent natu-
rellement de la fouftraction des graces qui nous for-
tifient , & des habitudes contraires qui nous affoi-
bliffent : combien la penitence vous paroît-elle dure ,
l'abftinence intolerable , la folitude ennuyeufe ? n'eft-
il pas vray que les veilles, les bonnes lectures, la vi-
fite des Hôpitaux & des prifons, l'affiduité à l'Eglife
& aux exercices de devotion ; que toutes ces chofes
vous paroiffent penibles au dernier point ? mais quelle
oppofition ne trouvez-vous pas en vous même quand
il eft queftion de refrener vos convoitifes & vos paffions, de remettre les injures, d'aimer vos ennemis,
de fupporter les humeurs fâcheufes du prochain, de
furmonter vos repugnances au bien ? au contraire,
quelle force n'ont pas acquife fur vous, la pareffe,
la tiedeur, l'amour propre, la fenfualité ? *Quanta vi-*
ticrum virtus, difoit faint Paulin , *quanta virtutum in-*
firmitas ? Combien la vertu a-t-elle d'infirmité en vous,

Ep. 24. ad
Sever. num.
10. p. 157.

combien le vice a-t-il de force ? combien vôtre penchant au mal eft-il puiffant ? combien vôtre recours à Dieu eft-il foible ? *quam prona ad pravitatem relapfio , quàm piger ad Deum nifus.* Telle eft vôtre repugnance au bien, & vôtre penchant au mal. C'eft ainfi que faint Auguftin, pour lots tel que vous, raifonnoit : Il eftimoit heureux faint Ambroife de ce que les Empereurs & les Grands du fiecle l'honoroient & le refpectoient, *ipfumque Ambrofium felicem quemdam hominem fecundùm faculum opinabar, quem fic tantæ Poteftates honorarent.* Mais il l'eftimoit malheureux à caufe de fa vie continente & chafte, qui ne luy paroiffoit pas fupportable : *cœlibatus tantùm ejus mihi laboriofus videbatur.* Voyez donc où vous en êtes , & gemiffez , *vide ubi fis, & ingemifce.*

IIIe. Confiderez où vous allez , & fremiffez, *quò vadis, & contremifce :* car que peut-on attendre de ces malheureufes voyes quand on les fuit, finon,

1°. L'aveuglement de l'efprit dans un impie, qui perd peu à peu la foy par les lectures prophanes, par le commerce avec les libertins , & les prétendus forts efprits , par les doutes continuels qu'il nourrit en foy fur les veritez les plus effentielles, par des raifonnemens d'une philofophie qu'il fe fait à fa mode, par un attrait particulier pour les nouveautez, les curiofitez , & les erreurs naiffantes, par des perplexitez & des doutes fur le choix d'un Confeffeur ? on s'adreffe à un Religieux , puis à un Prêtre , & dégouté de tous , on ne fçait qui choifir , ny à quoy fe refoudre.

C. 6. 3.

K k k k k k ij

2°. L'endurciſſement du cœur, en effet, tout ainſi que le Soleil d'hyver par ſon éloignement cauſe ſur la terre le froid, & la dureté, ainſi en eſt-il à l'égard du Soleil de juſtice; quand il ſe retire de nous, nôtre cœur ſe glace, & ne s'amollit plus aux doux attraits de l'amour divin. A quoy il faut ajouter,

3°. L'impuiſſance de pratiquer les exercices laborieux de la penitence: le jeûne ſous lequel ſont compriſes toutes les macerations de la chair : l'aumône ſous laquelle ſont compriſes toutes les œuvres de charité envers le prochain; la priere ſous laquelle ſont compris tous les exercices de pieté envers Dieu. En un mot, un vieux pecheur eſt hors d'état de faire aucune action ſatisfactoire, l'age, les maladies, les remedes, & mille autres obſtacles l'en empêchent. *Omnes enim penè virtutes corporis mutantur in ſenibus*, dit

Ad Nepot.

ſaint Jerôme : *Jejunia, vigiliæ, chameuniæ, id eſt, ſuper pavimentum dormitationes, huc illucque diſcurſus, peregrinorum ſuſceptio, defenſio pauperuum, inſtantia orationum, viſitatio languentium, labor manuum unde præbeantur eleemoſinæ, &c.*

4°. Enfin, pour comble de maux, une mort malheureuſe, & un jugement rigoureux ; car c'eſt-là où ſe termine un tel chemin : Voyez où vous allez, & frémiſſez: *Quò vadis, & contremiſce.* Tels ſont les fruits, amers à la verité, mais infiniment utiles, que vous devez recueillir de cette année qui finit, & de cette année qui commence. Telles ſont les étrenes precieuſes qu'on vous preſente.

TROISIEME CONSIDERATION.

Vos années, vos mois, vos femaines, vos jours, & toutes vos actions, font tellement paffées, qu'elles ne reviendront plus, elles font même telles qu'elles feront toûjours : cependant aprés tout, vous étes encore comme furvivant à vous-même, vous étes comme heritier de vous même, il eft encore temps de n'étre plus ce que vous avez été, & avec cette nouvelle année vous pouvez commencer une nouvelle vie, & devenir un nouvel homme, & par confequent,

1°. Reparez le paffé par vos larmes : imitez le voyageur qui s'étant trop long-temps arrêté, voyant venir la nuit, double le pas, & court avec viteffe, afin de reparer fa nonchalance. Encouragez vous, dans la vuë que ce n'eft pas le commencement qui fera couronné dans le Chrêtien, mais la fin : *In Chriftianis non coronantur initia, fed finis.* Les ouvriers qui vinrent tard à la vigne du Pere de famille, ne laifferent pas de recevoir la recompenfe égale à ceux qui dés le matin avoient travaillé. Une belle foirée confole d'un jour fâcheux : demandez au Seigneur que les vêpres de vôtre vie foient éclairées des lumieres de ce Soleil qui ne fe couche jamais, & qu'aux lueurs de ce monde fuccede, non l'obfcurité d'une nuit fombre, mais la clarté d'une gloire éternelle : *Largire clarum vefpere, quo vita nufquam decidat, fed præmium mortis facra perennis inftet gloria.*

2°. Reglez le prefent par une fage difpofition des actions d'une vie vertueufe & chretienne; que la prie-re, la lecture, l'aumône, & les autres bonnes œuvres partagent vôtre temps, *dum tempus habemus, operemur bo-num*, afin qu'on puiffe dire de vous, ce que faint Paul difoit des premiers fidelles : Vous éties autrefois des tenebres, vous étes à prefent la lumiere au Seigneur, *fuiftis aliquando tenebræ, nunc autem lux in Domino.*

Vous avez été, jufqu'icy un vaiffeau de terre, & de bois, employé à mettre les immondices, & les or-dures de la maifon, & à des ufages vils; mais ne vous decouragez pas, la penitence a la vertu de transfor-mer ces fortes de vaiffeaux de terre, & de bois, en des vafes d'or & d'argent, propres à faire éclater la mag-nificence du pere de famille, & à eftre employéz à des ufages honorables : changement que nul ouvrier ne fçauroit faire; vous avez été un homme terreftre, & impur, vous pouvez devenir un homme celefte & Saint, brillant de charité, & refplendiffant en bonnes œuvres. Telle eft la Doctrine confolante de l'Apôtre ex-pliquée par fon admirable interpréte S. Chryfoftome : *In magna autem domo non folùm funt vafa aurea, & argentea, fed & lignea, & fictilia, & quædam quidem in honorem, quæ-dam autem incontmeliam.* Dans une grande maifon, dit cet Apôtre, il y a non feulement des vafes d'or & d'argent, mais il y en a auffi de bois, & de terre, les uns honora-bles, & les autres ignominieux : *Si quis ergo emundave-rit fe ab iftis erit vas in honorem fanctificatum & utile Do-mino, ad omne opus bonum paratum* : fi quelqu'un fe pu-rifie de ces fortes de fouillures, il deviendra un vafe d'honneur & de sanctification : & il le peut : car nous ne devenons pas des vases d'or, ou de terre , par nature , ou par necessité, mais par nôtre volonté. *Vides ut non naturæ, carnalis que necessitat.s sit , aureum esse vel fictile , sed nostræ tantummodo voluntatis.* C'est ainsi que Paul, ce vase d'argile, fut changé en un vase d'or : & que Judas ce vase d'or, fut changé en un vase de terre : *Vas erat fictile Paulus , sed evasit in aureum : vas fuit aureum Judas , sed in fictile conversum est.* Qu'il en soit donc de vous, non comme de cet Apôtre infidele , mais comme de l'Apôtre des Nations , ce vase d'élection.

3°. Prévoyez l'avenir, disposez de vos affaires temporelles & spirituelles , tenez vous prêt à paroître devant le souverain Juge : ceignez vos reins, ornez vôtre lampe, soyez prêt à recevoir l'epoux si tôt qu'il frappera à vôtre porte : Heureux celuy , dit saint Jérôme , que la vieillesse trouve occupé au service du Seigneur ; *Felix & omni dignus beatitudine quem senectus* ^{Ep. ad jut.} *Christo occupat servientem : Quem extrema dies Salvatori invenerit militantem : qui non confundetur cùm loquetur inimicis suis in porta :* Heureux de ce que le Seigneur vous donne encore le temps pour faire penitence , pour obtenir la remission de vos pêchez , pour impetrer de nouvelles graces, pour acquerir une éternelle gloire, dit saint Bernard ; *Largitur tempus ad agendam pœnitentiam, ad obtinendam veniam, ad acquirendam gratiam , ad promerendam gloriam.* Finissons cette Homelie par un exemple édifiant rapporté dans saint Augustin.

Lorsque j'étois encore à Milan agité de divers ^{c. 8 c.} mouvemens sur le changement de ma vie , nous fû-

mes un jour vifitez Alipe & moy par un Officier de
l'Empereur , nommé Pontitien, Africain de nation ,
nôtre compatriote & nôtre ami commun , qui venoit
nous parler de je ne fçay quelle affaire ; nous nous
affimes pour l'entretenir. Au milieu de la converfa-
tion Pontitien ayant vû fur la table un livre, le prit &
l'ouvrit, croyant que c'étoit quelques ouvrages con-
cernant nôtre profeffion d'Orateur : mais il fut agrea-
blement furpris de voir que c'étoit les Epîtres de faint
Paul. Pour lors me regardant d'un œil gracieux , il
me témoigna fa joye , de n'avoir trouvé devant moy
que ce feul livre: car il avoit beaucoup de religion ,
& de pieté , & il étoit fi adonné à la priere, qu'on le
voyoit fouvent dans l'Eglife profterné devant le Seigneur , faifant de frequentes , & de longues oraifons :
Chriftianus quippe , & fidelis erat, & fepè Deo noftro pro-
fternebatur in Ecclefia crebris & diuturnis orationibus. Et
comme je luy témoignay que je m'appliquois beaucoup à la lecture des livres facrez , il fe mit infen-
fiblement à nous parler d'Antoine , ce celebre folitai-
re d'Egypte, dont pour lors le nom eftoit dans la
bouche de tous les ferviteurs de Dieu , & duquel nean-
moins nous n'avions jamais encore entendu parler, ce
qu'ayant reconnu, il continua de nous raconter au long
la vie admirable de cet homme excellent , ne pou-
vant comprendre comment nous ignorions de telles
chofes, arrivées de nôtre temps , fi éclatantes , fi pu-
bliques , fi atteftées , encore toutes recentes , & qui
donnoient un fi grand luftre à la foy catholique, & à la
pieté Chrétienne: nous étions egalement étonnez, nous
d'apprendre

d'apprendre des merveilles si grandes, & si surprenan-
tes, & luy, de ce qu'elles nous étoient inconnuës : de là
poursuivant son discours, il nous parla de ces celebres
Monasteres dont les deserts d'Egypte , devenus spi-
tuellement fertiles, étoient alors peuplez ; de ces nom-
breuses troupes de Solitaires qui les habitoient ; de
la bonne odeur que leur vertu répandoit par tout; de
l'édification que le monde en recevoit, de l'abon-
dance des graces qui y découloient , & des douceurs
qu'on y goûtoit : Il ajoûta qu'il y avoit à Milan même où nous étions, & au dessous des murs de la Ville , un Monastere de bons Religieux sous la direction
de l'Evêque Ambroise , leur Pere & leur Pasteur ,
ce que nous ne sçavions pas plus que le reste. Pontitien
parloit avec plaisir , & nous étions charmez de l'entendre : ce qui l'obligea de nous raconter l'Histoire
suivante.

Du temps, nous dit-il, que j'étois à Treves , il
m'arriva une avanture assez singuliere : Un jour que
l'Empereur étoit occupé aux spectacles du Cirque ,
nous allâmes un aprés-midy trois de mes amis &
moy prendre l'air, & nous promener dans quelques
jardins hors la Ville. Là nous étant separez deux à
deux, sans aucun dessein particulier , ces deux Officiers avec qui je n'étois pas, s'étant insensiblement
écartez, trouverent un Monastere de Religieux, pauvres à la verité , mais tels que ceux à qui le Royau-
me des Cieux est promis : étant entrez dans la cellule d'un de ces bons Solitaires , ils y trouverent la
Vie de Saint Antoine. Un de ces Officiers prend ce

livre, & se met à le lire: il admire une telle Vie:
il s'embraze du desir de l'imiter: il medite de quit-
ter le monde & la Cour, & de ne plus songer qu'à
servir Dieu. Transporté d'un mouvement tout divin, & comme indigné contre luy-même, il tourne
les yeux vers son ami, & luy dit: Ah! mon cher
ami, qu'est-ce que je lis? qu'est-ce que nous cher-
chons avec tous nos travaux? à quoy pretendons-
nous parvenir? ce ne peut être tout au plus qu'à
devenir amis de l'Empereur? mais par combien de
moindres perils arrive-t-on à ce plus grand peril?
combien de temps ne faut-il pas pour y arriver? combien de temps l'occupe-t-on quand on y est arrivé?
que d'incertitude si on y arrivera? que d'instabilité
quand on y est parvenu? il est fort douteux si jamais
je pourray devenir ami de l'Empereur; & il est certain, si je le veux, que je pourray devenir, & sur le
champ, & pour toûjours, l'ami de Dieu: *Amicus autem Dei si voluero, ecce nunc fio.*

Tel fut le discours de cet homme nouveau, qui
commençant de mourir à luy, commençoit de naître
à une vie nouvelle: ensuite il reprit son livre, & se
remit à lire: mais à mesure qu'il lisoit exterieure-
ment, il se changeoit interieurement: il voyoit les
merveilles du Seigneur dans Saint Antoine, & il
devenoit luy-même une merveille du Seigneur qui
le voyoit: peu à peu, il se dépouilloit de luy même,
& il se revêtoit de Jesus-Christ. Tandis que ses yeux
parcouroient une partie de ce livre, son esprit agité

s'excitoit de plus en plus à se consacrer tout entier au service de Dieu. Le voilà qui se rend à celuy à qui il appartenoit ; & d'une voix entre-coupée de soupirs , se tournant vers son ami : C'en est fait , luy dit-il , je renonce au monde , & je choisis le Seigneur pour mon partage ; & sans differer d'un moment, sans chercher d'autre retraite, je me consacre à Dieu dans celle-cy. Que si vous ne voulez pas me suivre, du moins , mon cher ami , ne vous opposez pas à mon dessein. Mais voicy une seconde merveille aussi surprenante que la premiere : celuy-cy, luy répondit : Non, mon cher ami , je ne vous quitteray point , je ne vous laisseray point seul participer à une si grande recompense , je ne vous laisseray point vous enrôler sans moy dans une milice si sainte.

Cependant nous nous promenions mon ami & moy dans une autre allée du jardin ; & voyant que le soir approchoit , nous allâmes rejoindre nos deux amis pour les reprendre , & nous en retourner ensemble avec eux : mais quelle ne fut pas nôtre surprise , quand nous les trouvâmes transformez en d'autres hommes, & qui nous prioient de ne point les détourner , si nous ne voulions pas les imiter ? A ce discours qui nous penetra , nous nous mîmes tous à pleurer ; & aprés avoir mêlé nos larmes ensemble, & nous être dit adieu , voyant bien qu'ils étoient inébranlables dans leur dessein, nous les felicitâmes mon ami & moy de leur sainte resolution , & nous nous recommandâmes à leurs prieres : ainsi de quatre que nous étions, deux de nous rampant sur la terre s'en revinrent au Palais, & les deux autres s'élevant au ciel, demeurerent dans la cellule. Ce qui fut encore remarquable, c'est que deux filles à qui ces deux nouveaux Solitaires étoient fiancez, ayant appris la pieuse resolution de leurs futurs époux, les imiterent, & voüerent leur virginité au Seigneur : *Commendaverunt se orationibus eorum ; & trahentes cor in terrâ, abierunt in palatium : illi autem affigentes cor cœlo, manserunt in casâ. Et ambo habebant sponsas, quæ, postea quàm audierunt, dicaverunt etiam ipsæ virginitatem tibi.*

F I N.